www.herder.de

Gesamtgestaltung: Veronika Preisler, München
Druck: Graspo, Zlín
Gedruckt auf umweltfreundlichem, chlorfrei gebleichtem Papier
Printed in the Czech Republic

ISBN 978-3-451-71711-6

Julia Knop

Wem gehört die Welt?

Ethik für Kinder

Mit Illustrationen
von Meike Töpperwien

Die großen Fragen des Lebens

HERDER
FREIBURG · BASEL · WIEN

Hallo!

Kannst du dich an eine Situation erinnern, in der du nicht wusstest, wie du dich verhalten sollst? Hast du dich schon einmal um jemanden gekümmert, zum Beispiel um deine kleine Schwester? Was hast du getan, damit es ihr gut ging? Kennst du das Gefühl, ungerecht behandelt zu werden? Wie kann man einen Streit beenden? Was bedeutet es, ein Freund zu sein? Was müssen wir tun, damit es gerecht zugeht in unserer Welt? Warum leben wir eigentlich so, wie wir leben?

Solche und viele andere Fragen begleiten uns Menschen unser Leben lang. Sie gehören zur Ethik. Ethik nennt man das Nachdenken über Gut und Böse, über richtiges und falsches Handeln, über Regeln und Gerechtigkeit, über Freiheit, Freundschaft und Frieden.

Einige der Fragen und Beispiele, die in diesem Buch vorkommen, kennst du bestimmt. Andere sind neu. Zu allen großen Fragen findest du verschiedene Antworten. Kinder und Erwachsene, Erzähler, Forscher und Politiker haben sie in unserer Zeit oder schon vor vielen hundert Jahren gefunden. Diese Menschen haben eines gemeinsam: Sie denken gern nach über große Fragen. Sie haben Freude daran, verschiedene Blickwinkel auszuprobieren und nach der besten Lösung zu suchen. Sie alle wollen dazu beitragen, dass unser Zusammenleben in der Familie, in der Schule, am Wohnort und auf der ganzen Welt gelingt.

Machst du mit?

Viel Spaß beim Nachdenken wünscht dir

Julia Knop

Inhalt

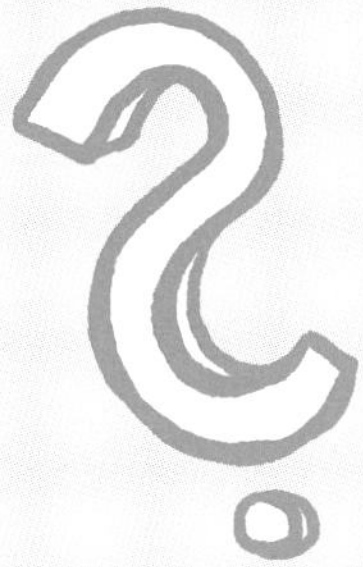

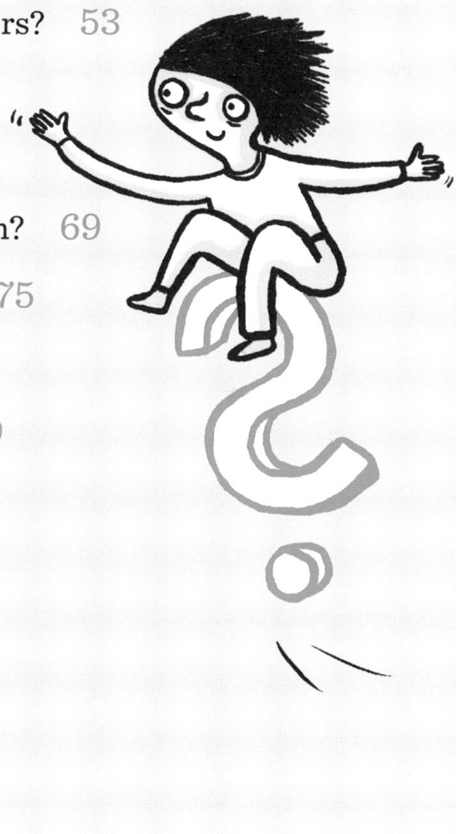

WARUM SOLLEN WIR GUTES TUN?

Auf diese Frage gibt es eine Menge möglicher Antworten: Um glücklich zu sein. Weil ein Gesetz es uns vorschreibt. Weil unser Zusammenleben nur so funktioniert. Weil wir sonst bestraft werden. Damit es möglichst vielen Menschen gut geht. Damit andere uns mögen. Um einen Vorteil zu erlangen.

INFO: Philosophen, die lange über diese Frage nachgedacht haben, geben eine allgemeinere Antwort. Sie sagen: Regeln oder Gesetze sind nicht automatisch richtig. Abzuwägen, wie viele Vorteile es bringt, gut zu sein, reicht auch nicht aus. Dann ist nicht mehr das Gute das Ziel, sondern der Vorteil oder die Belohnung, die man bekommt. Das Gute sollte aber selbst das Ziel sein. Der englische Philosoph David Hume war vor etwa 250 Jahren anderer Ansicht. Er meinte, dass wir die Eigenschaften gut finden, die anderen nützen. Jeremy Bentham erklärte etwas später: „Gut ist das, was möglichst vielen Menschen möglichst viel Glück bringt."

Was meinst du? Ist das, was wir tun, erst dann gut, wenn es anderen nützt? Ist es richtig, nur dann Gutes zu tun, wenn es eine Belohnung dafür gibt?

Richtig oder falsch, gut oder böse, wahr oder gelogen?

Bestimmt hat dein Vater oder deine Mutter dir schon einmal eine Geschichte erzählt. Und vielleicht hast du dich danach gefragt, ob die Geschichte stimmt. Welches Wortpaar passt am besten, um das herauszufinden? Ist die Geschichte richtig oder falsch, gut oder böse, wahr oder gelogen?

Wenn du dagegen wissen möchtest, ob du in Mathe richtig gerechnet hast, fragst du am besten: Ist das Ergebnis richtig oder falsch? Es wäre seltsam, wenn du fragen würdest: Ist das Ergebnis gut oder böse? Wenn dein Mitschüler in sein Matheheft schreibt: 47 – 21 = 15, dann hat er nicht gelogen, sondern er hat sich verrechnet. Er ist auch kein böser Rechner, sondern höchstens ein schlechter. Wenn seine große Schwester ihn allerdings ärgern wollte und ihm bei den

Hausaufgaben ein falsches Ergebnis vorgesagt hat, dann hat sie ihn angelogen. Es war falsch, das zu tun, und die große Schwester war böse. Man muss also gut aufpassen, welches Wort man verwendet …

Ist etwas falsch, weil es verboten ist? Oder ist es verboten, weil es falsch ist?

Macht das überhaupt einen Unterschied? Und ob! Wenn das Erste gilt, könnte alles Mögliche falsch sein, je nachdem, wer gerade die Macht hat, ein Verbot auszusprechen. In manchen Ländern ist es Mädchen und Frauen zum Beispiel verboten, Hosen zu tragen. Dort gilt: Es ist falsch, als Mädchen eine Hose anzuziehen. Und warum? Weil der Herrscher es verboten hat. Basta. Und wenn der nächste Herrscher es erlaubt, ist es von heute auf morgen wieder nicht mehr falsch.

Wenn das Zweite gilt, sind Verbote mehr als die Laune eines Herrschers, der keine Mädchen in Hosen mag. Dann gibt es Dinge, die auch dann falsch sind, wenn es kein Verbot für sie gibt. Jemanden zu quälen oder zu foltern, ist nicht bloß deshalb falsch, weil Folter in den meisten Staaten verboten ist. Dann wäre es ja nichts Falsches mehr, sobald diese Staaten das Gesetz aufheben. Einen Menschen

zu foltern, bleibt aber immer falsch, ganz egal, welche Gesetze gelten. Denn jeder Mensch hat ein Recht darauf, geachtet zu werden. Man darf ihn nicht grundlos verletzen, schon gar nicht zum Spaß, um ihn kleinzumachen oder um ihn zu etwas zu zwingen, das er freiwillig nie tun würde.

Können Tiere böse sein?

Ist ein Kaninchen böse, das eine Blume anknabbert? Immerhin ist der Besitzer des Gartens traurig darüber, dass das Kaninchen das Blumenbeet zerstört hat. Wie ist es mit einem Geparden, der eine Gazelle jagt, erlegt und auffrisst? Ist der Gepard böse?

Was unterscheidet einen Geparden, der eine Gazelle tötet, von einem Menschen, der einen anderen Menschen verprügelt und totschlägt?

INFO: In der Natur spricht man manchmal von natürlichen Feinden. Der natürliche Feind der Gazelle ist der Gepard. Und der natürliche Feind des Blumenbeets ist das Kaninchen. Damit ist gemeint: Die Natur ist so eingerichtet, dass Geparden Gazellen jagen und Kaninchen Blumen anknabbern. Es gehört zum Wesen dieser Tiere, so zu leben. Sie können nichts dafür. Sie sind nicht böse, wenn sie so leben, wie sie sind.

Es gibt einen wichtigen Unterschied zwischen Tieren und Menschen: Wir Menschen sind frei. Wir können darüber nachdenken, was wir tun und ob es richtig ist, was wir tun. Tun wir etwas Falsches, sind wir dafür verantwortlich. Es gehört zu unserem Wesen, uns bewusst für oder gegen etwas zu entscheiden. Nur wer das kann, kann gut oder böse sein und richtig oder falsch handeln.

WAS IST FREIHEIT?

Schneeflocken und Schneemänner

Schneeflocken sehen wunderschön aus. Sie entstehen, wenn die Wassertröpfchen, die eine Wolke bilden, an winzig kleinen Staubteilchen festfrieren. Daraus entstehen Eiskristalle, die auf unsere Erde fallen und sie mit einem weißen Schleier überziehen.

Wenn es längere Zeit geschneit hat, bevölkern Schneemänner die Landschaft. Sie haben dicke Bäuche, schwarze Augen und einen Hut. Sie sind freundlich, allerdings auch ziemlich faul. Sie bleiben auf einer Stelle stehen, bis die Sonne kommt und sie zum Schmelzen bringt.

Warum gibt es Schnee? Und aus welchem Grund gibt es Schneemänner? Worin unterscheiden sich deine beiden Antworten?

INFO: Die meisten Dinge auf unserer Welt sind nicht einfach so da, sondern sie haben einen Grund. Bei Abläufen in der Natur spricht man von Ursachen, die man erforschen und messen kann. Bei menschlichen Handlungen spricht man von Gründen. Sie geschehen, weil jemand es so wollte, also aus Absicht: Ihr Grund ist die Freiheit eines Menschen. Aber was bedeutet es, frei zu sein?

Muss man sich entscheiden?

Manche sagen: Freiheit bedeutet, immer tun zu können, was man will, jeden Tag neu entscheiden zu können, was man tun möchte: schwimmen oder Fahrrad fahren, am Computer spielen oder lesen, heute mit Anna befreundet sein und morgen mit Lisa. Aus diesem Blickwinkel ist jemand, der sich auf etwas festlegt, nicht mehr frei. Denn wer in den Schwimmverein geht, legt sich fest, jeden Montagnachmittag ins Schwimmbad zu fahren. Er ist montags nicht mehr frei, in den Chor zu gehen.

Andere sagen: Freiheit bedeutet, sich entscheiden und festlegen zu können – nicht gezwungenermaßen, sondern absichtlich und aus freien Stücken. Jemand, der sich auf keinen Fall festlegen will, kann deshalb kein Freund sein und vermutlich auch kein guter Chorsänger.

Was denkst du? Sind Kinder frei, die Freundschaft schließen oder sich auf ein Hobby festlegen? Muss man sich alle Möglichkeiten offenhalten, um frei zu sein? Ist jemand frei, der sich nicht entscheiden kann?

Du kannst, denn du sollst!

Ist Freiheit etwas in uns selbst? Oder hängt sie von den Umständen ab? Ist jemand nur dann frei, wenn niemand ihn zwingt, etwas zu tun?

INFO: Der Philosoph Immanuel Kant hat vor über 200 Jahren ein berühmtes Beispiel gegeben, mit dem er erklärt, dass jemand auch unter Androhung einer schlimmen Strafe frei ist, sich für das Richtige zu entscheiden: Ein mächtiger Fürst möchte einen Gegner loswerden. Dafür muss aber jemand für ihn lügen. Der Fürst droht: „Wenn du nicht für mich lügst, werde ich dich töten.“ Der Mann hat also die Wahl: Lügt er, bleibt er am Leben. Sagt er die Wahrheit, wird er getötet. Kant sagte: In dieser Situation würden sich die meisten wohl für die Lüge entscheiden. Denn sie wollen ja leben. Aber eigentlich wissen sie, dass sie kein Unrecht tun sollen. Deshalb könnten sie theoretisch auch anders handeln und sich dem Fürsten widersetzen. Sie sind nicht gezwungen zu lügen.

Wer ist schuld?

Tom ist 26. Er steht vor Gericht, weil er ein Mädchen schlimm verprügelt hat. Tom ist nicht zum ersten Mal hier. Er hat schon als Jugendlicher Autos geknackt und gestohlen.

Tom ist bei seiner Mutter aufgewachsen. Seinen Vater kennt er nicht. Seine Mutter trinkt viel zu viel Alkohol. Sie ist oft aggressiv und schreit herum. Bei der Gerichtsverhandlung sagt Toms Verteidiger deshalb: „Tom soll nicht zu hart bestraft werden. Er hatte ein schlechtes Elternhaus.“ Damit meint er: Tom ist nicht zufällig so, wie er ist. Seine Eltern haben ihn vernachlässigt. Deshalb konnte er sich nicht gut entwickeln.

Der Staatsanwalt ist anderer Meinung. Er sagt: „Tom hatte zwar eine schwere Kindheit. Aber jetzt ist er erwachsen und für sich selbst verantwortlich. Seine Mutter hat zwar nicht gut für ihn gesorgt, aber sie ist nicht schuld daran, dass Tom das Mädchen verprügelt hat.“

Was denkst du:
Ist Tom schuldig? Ist er für sein Handeln verantwortlich? Hätte er das Mädchen auch in Ruhe lassen können?

Freiheit für das Gute

Ein wirklich guter Mensch bringt es nicht übers Herz, gemein zu sein. Natürlich hat er die Möglichkeit dazu. Aber er kann es einfach nicht. Ist er frei oder nicht?

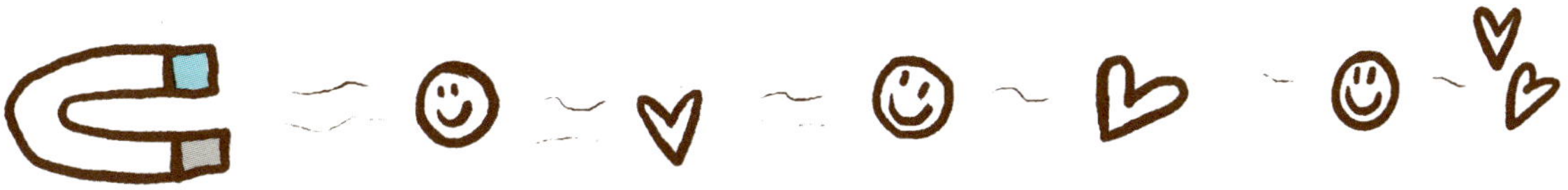

INFO: Augustinus war ein gelehrter Bischof, der vor 1600 Jahren lebte. Seine Antwort auf diese Frage lautet: Wirklich frei zu sein bedeutet, das Gute tun und sich aus vollem Herzen dafür entscheiden zu können. Für jemanden, der sein Leben auf das Gute ausrichtet, ist das Böse gar nicht besonders spannend. Er fühlt sich vielmehr vom Guten angezogen. Augustinus meinte: Unsere Freiheit ist dann am größten, wenn das Böse keine Macht über uns hat: Wenn wir es uninteressant finden und uns geradezu selbstverständlich für das Gute entscheiden.

ärger

WIE MACH ICH'S RICHTIG?

Regeln und Gesetze

In der Schule gibt es eine Schulordnung. Im Jugendheim gelten bestimmte Regeln. In jedem Land gibt es Gesetze. Sie bilden die Spielregeln unseres Zusammenlebens. Sie werden im Parlament beraten und beschlossen. Hier können sie auch verändert werden, wenn sie nicht mehr passen oder etwas ergänzt werden muss. Es ist gut, dass es sie gibt. Denn es würde ein großes Durcheinander geben, wenn alle jeden Tag neu überlegen müssten, wie sie sich verhalten sollen. Außerdem geht es fair zu: Die Regeln im Jugendheim gelten für alle Jugendlichen. Die Gesetze im Staat gelten für alle Bürger, egal, ob sie arm sind oder reich.

INFO: Manche Gesetze sind von Land zu Land unterschiedlich. Zum Beispiel darf man in Frankreich auf der Autobahn nicht schneller als 130 km pro Stunde fahren. Auf der Insel Zypern darf man höchstens 100 km pro Stunde fahren. Diese Regeln gelten für alle, die die Autobahn benutzen, unabhängig davon, aus welchem Land sie kommen. Wenn ein Franzose auf Zypern Urlaub macht, darf er dort höchstens 100 km pro Stunde fahren, auch wenn er es gewohnt ist, bei sich zu Hause schneller zu fahren.

Wenn das alle machen würden!

Der Philosoph Immanuel Kant hat vor ungefähr 200 Jahren eine Regel formuliert, mit der man herausfinden kann, ob es richtig ist, was man tun möchte. Diese Regel klingt ziemlich kompliziert:

> „Handle nur nach derjenigen Maxime, durch die du zugleich wollen kannst, dass sie ein allgemeines Gesetz werde."

Was er meint, ist aber gar nicht so kompliziert. Sicher hast du diesen Satz schon einmal gehört: „Wenn das alle machen würden!“ Wahrscheinlich ging es um etwas, das du nicht tun solltest. Vielleicht hast du die Schultür mit dem Fuß aufgemacht. Was wäre, wenn das alle machen würden? Die Türen in der Schule wären vermutlich fast alle kaputt.
Immanuel Kant meinte: Etwas ist dann richtig, wenn man nach gründlicher Überlegung sagen kann: Es wäre gut, wenn das alle machen würden! Es wäre zum Beispiel gut, wenn alle mit den Türen in der Schule sorgsam umgehen würden.
Der Vorteil von Kants Regel liegt auf der Hand: Der Maßstab ist allgemein. Alle können ihn einsehen. Was für alle gilt, gilt natürlich auch für mich.

Klugheit, Gerechtigkeit, Tapferkeit, Maß

Die Philosophen der Antike und des Mittelalters kannten uns Menschen gut. Sie wussten, dass wir Menschen uns ein Leben lang entwickeln und einüben müssen, wie es geht, gut zu leben und kluge und gerechte Entscheidungen zu treffen.

Dazu helfen diese vier Haltungen:
Klugheit, Gerechtigkeit, Tapferkeit und Maß.
Man nennt sie Tugenden. Mit ihnen richten wir Verstand, Herz und Charakter auf das Gute aus, damit unser Leben gelingt. So kommen weder die Menschen in unserer Umgebung zu kurz noch wir selbst.

INFO: Wir können nicht nur unsere Muskeln, sondern auch unseren Charakter trainieren. Dabei geht es kurz gesagt darum, dass nicht unsere Gefühle uns beherrschen, sondern wir unsere Gefühle. Ein Mädchen, das zum Beispiel dazu neigt, schnell wütend zu werden, sollte versuchen, seine Wut zu mäßigen. Zugleich ist seine Wut aber ein Zeichen dafür, dass es sehr feinfühlig für Ungerechtigkeit ist. Diese gute Seite seiner Wut sollte es natürlich bewahren. Und ein Junge, der ängstlich oder schüchtern ist, sollte daran arbeiten, seine Furcht zu überwinden. Allerdings sollte er auch nicht ins Gegenteil verfallen. Etwas Vorsicht ist wichtig. Immer gilt es, ein gutes Maß zu finden.

Wie funktioniert das Gewissen?

Du bist mit deiner Freundin verabredet, hast jetzt aber gar keine Lust mehr darauf. Das willst du deiner Freundin nicht so direkt sagen. Also überlegst du dir die Ausrede, dass du dich krank fühlst und deshalb nicht kommen kannst. Das ist eine Lüge. Aber du lügst eigentlich nur, weil du die Freundin nicht verletzen willst. Kann eine Lüge etwas Gutes sein? Was sagt dein Gewissen?

INFO: Thomas von Aquin hat vor ungefähr 800 Jahren darüber nachgedacht, wie unser Gewissen arbeitet. Er meinte: Wir Menschen können allgemein zwischen Gut und Böse unterscheiden. In einer konkreten Situation müssen wir aber nicht nur entscheiden, was allgemein gut wäre, sondern auch, was hier und jetzt zu tun ist. Diese Entscheidung nennt man Gewissensurteil. Allerdings kann unser Gewissensurteil falsch sein. Das kann unterschiedliche Gründe haben: Es kann sein, dass wir unser Gewissen nicht gut ausgebildet haben. Oder dass wir die Situation falsch eingeschätzt haben. Oder dass wir unser allgemeines Gewissensurteil und die Situation falsch kombiniert haben.

Wir können nicht nur unsere Muskeln und unseren Charakter, sondern auch unser Gewissen trainieren. Das geht am besten gemeinsam. Oft hilft es, eine schwierige Situation aus verschiedenen Blickwinkeln anzuschauen. Wir können uns mit Freundinnen und Freunden beraten. Wir können Erwachsene um Rat fragen oder einen Spezialisten um Hilfe bitten. Oft muss man verschiedene Argumente abwägen. Denn die Welt, in der wir leben, ist kompliziert geworden.

ups!

REICHT DIE GUTE ABSICHT?

Um herauszufinden, ob eine Handlung gut ist, kann man verschiedene Blickwinkel einnehmen. Manche sagen: Das Wichtigste ist das Ergebnis. Eine Handlung ist dann gut, wenn das Ergebnis stimmt. Andere meinen: Nein, das Wichtigste ist, dass die Absicht stimmt. Das, was jemand bezweckt, zählt – nicht, ob es auch gelingt. Was denkst du?

Konrad und der Blumentopf

Konrad hat sich einen Besen geholt und die Treppe zur Haustür gefegt. Dabei ist er ausgerutscht und hat mit dem Besen einen Blumentopf umgeworfen. Der ist jetzt kaputt. Und die Treppe ist voller Blumenerde.

War es gut, dass Konrad die Treppe gefegt hat? Er selbst ärgert sich. Er denkt: „Na, das ist ja total schiefgegangen. Nun ist die Treppe dreckiger als vorher, und der Blumentopf ist auch noch kaputt." Seine Mutter sieht ihm an, dass er sich ärgert. Sie sagt: „Mach dir nichts draus. Ich freue mich trotzdem, dass du mir helfen wolltest. Du hast es ja gut gemeint. Das ist für mich das Wichtigste."

Konrad schaut auf das Ergebnis. Seine Mutter sieht seine gute Absicht. Was meinst du? War es gut, dass Konrad die Treppe gefegt hat? Ist das Ergebnis wichtiger als die gute Absicht?

Für einen guten Zweck

Viele Menschen spenden Geld für einen guten Zweck. Zum Beispiel für ein Trinkwasserprojekt in einem armen Land. Oder für die Unterstützung von Menschen hier bei uns.

Sie geben Geld, damit ein gutes Ziel erreicht wird: damit mehr Menschen sauberes Wasser haben oder damit Jugendliche, die in schwierigen Verhältnissen aufwachsen, lernen, fair miteinander umzugehen.

Ein Zweck ist ein Ziel, das man erreichen möchte. Dazu braucht man Mittel: Wer etwas spenden möchte, braucht Geld. Wer einen Brunnen bauen möchte, braucht einen Plan, einen Bagger, Baumaterial, kräftige Arme und viele andere Menschen, die ihm beim Bauen helfen. Wer Jugendliche beraten möchte, braucht Menschen, die sich für sie einsetzen, und Räume, in denen sie miteinander sprechen können.

Risiken und Nebenwirkungen

Wer hustet, hat normalerweise ein klares Ziel: Er will nicht mehr husten. Er will gesund werden. Dazu setzt er verschiedene Mittel ein: Er wickelt sich einen Schal um den Hals, trinkt heißen Tee, geht früher schlafen als sonst und schluckt Hustensaft. Schal, Tee, Schlaf und Hustensaft sind Mittel dafür, dass der Husten weggeht und der Kranke gesund wird. Gesund zu werden, ist ein gutes Ziel. Ist deshalb auch alles gut, was man dafür tut? Werbung für Hustensaft enthält meistens diesen komischen Satz: „Zu Risiken und Nebenwirkungen fragen Sie Ihren Arzt oder Apotheker." Damit ist gemeint: Der Hustensaft ist zwar ein Mittel für ein gutes Ziel, aber er hat nicht nur gute Wirkungen, sondern auch schlechte. Zumindest einige Patienten werden sehr müde oder bekommen Kopfschmerzen, wenn sie den Saft schlucken. Wer Hustensaft nimmt, muss also überlegen, ob er dieses Risiko in Kauf nehmen möchte. Die Ärztin hilft, dabei abzuwägen: Ist es besser, schnell gesund zu werden, aber einen Tag Kopfweh zu riskieren? Oder ist es besser, etwas länger zu husten, aber kein Kopfweh zu bekommen?

Darf jemand Kohlen klauen, der sonst erfrieren würde?

Der Winter 1946 war bitterkalt. Der Zweite Weltkrieg war zwar offiziell vorbei, aber seine Auswirkungen waren noch immer schlimm. Die Menschen hungerten. Viele froren. Damals wurden die meisten Wohnungen mit Kohle geheizt. Die Kohlebergwerke waren zwar schon wieder in Betrieb. Kohle zum Heizen gab es also. Aber die meisten Menschen hatten kein Geld, um sie zu kaufen. Sie sammelten deshalb die Kohlen auf, die von Zügen oder Lastwagen fielen. Einige gingen noch einen Schritt weiter: Sie kletterten auf die Züge und nahmen sich einfach so viel Kohle, wie sie brauchten.

Durften sie das? Durften sie Kohlen klauen, um nicht zu erfrieren?

Der Kölner Kardinal Joseph Frings hat in seiner Silvesterpredigt über dieses Thema gesprochen. Er war der Ansicht, dass es in Zeiten der Not ausnahmsweise nicht verboten sei, Kohle für den eigenen Bedarf zu stehlen. Zumindest wenn man sonst erfrieren würde. Daraus entstand ein eigenes Wort. Die Menschen in Köln nannten den Kohlenklau nun nach ihrem Kardinal: fringsen. Allerdings haben nicht alle die ganze Predigt berücksichtigt. Kardinal Frings hat nämlich nicht einfach gesagt: „Kohlen zu klauen, ist in Notzeiten ausnahmsweise in Ordnung." Sondern er hat auch gesagt: „Viele übertreiben: Sie nehmen mehr, als sie zum Überleben unbedingt brauchen. Sie müssen zurückgeben, was sie zu Unrecht gestohlen haben."

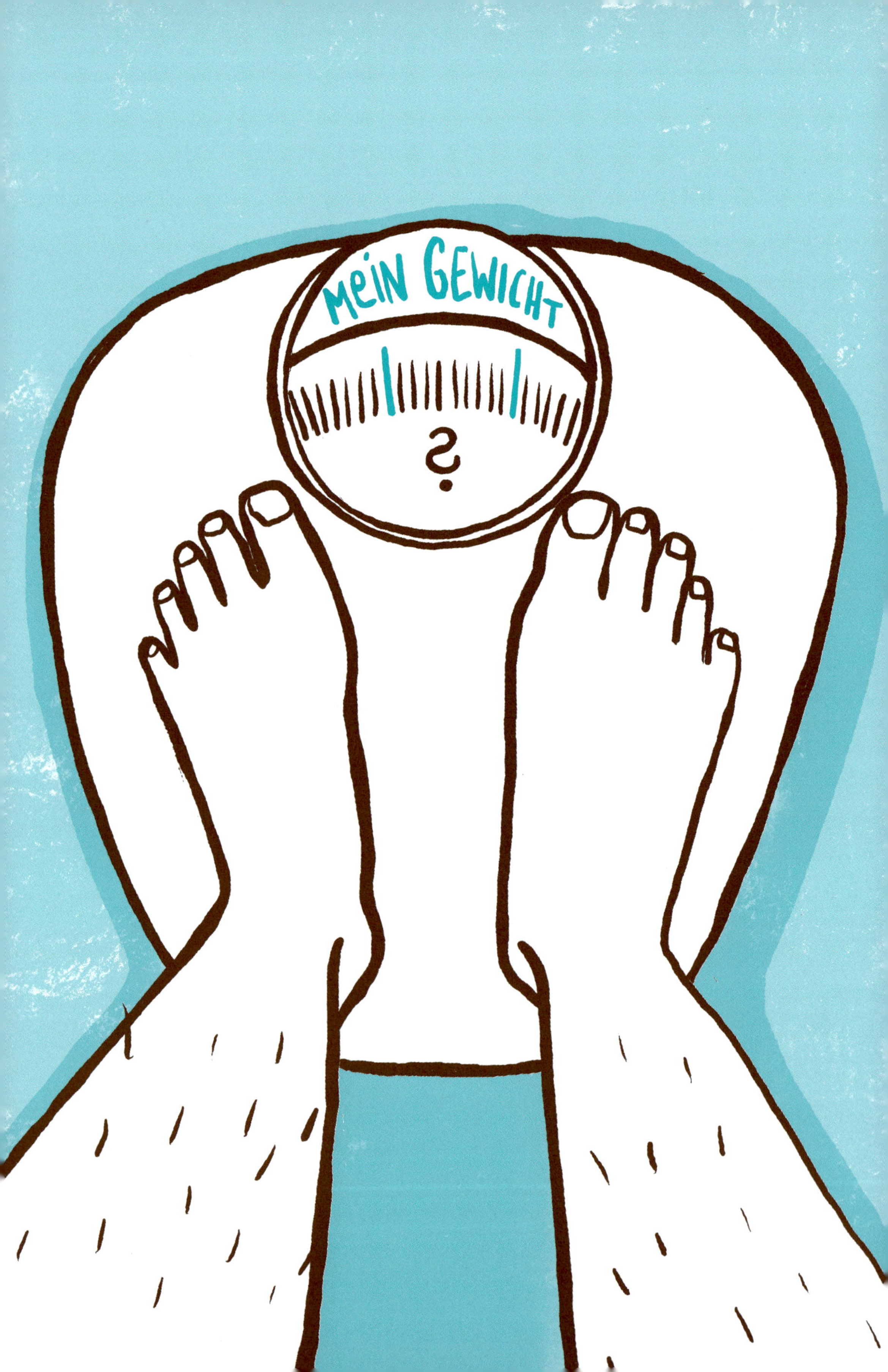
Mein Gewicht
?

WIE VIEL WIEGT EIN MENSCHENLEBEN?

Ein neugeborener Säugling wiegt etwa 3 bis 4 Kilogramm. Ein erwachsener Mann wiegt ungefähr 80 Kilogramm, je nachdem, wie groß und wie dick er ist.

Die Frage, wie viel ein Menschenleben wiegt, kann aber noch etwas anderes bedeuten: Ist das Leben eines kleinen Kindes weniger wert als das eines erwachsenen Mannes? Ist das Leben eines Mädchens, das noch viele Jahre vor sich hat, wertvoller als das einer alten Frau? Zählt ein Reicher mehr als ein Armer? Sind 10 Menschen wichtiger als ein Einziger? Ändert sich die Antwort, wenn der eine ein guter Mensch ist und die 10 anderen böse sind?

Sind alle Menschen gleich?

Natürlich nicht! Oder kennst du zwei Menschen, die genau gleich sind? Alle Menschen unterscheiden sich, sogar Zwillinge. Manche sind groß, andere klein, einige dick, andere dünn. Die einen sind alt, die anderen jung, und die meisten sind irgendetwas dazwischen. Es gibt nette und unfreundliche, stolze und schüchterne Menschen. Es gibt Einzelgänger und solche, die lieber mit anderen zusammen sind. Manche sind sportlich, andere musikalisch, wieder andere lesen oder malen gern. Die Liste der Unterschiede zwischen den Menschen ist endlos. Denn jeder Einzelne ist etwas Besonderes, jede Einzelne ist kostbar und wertvoll. Genau darin sind wir aber alle gleich: Jede und jeder von uns ist ein einmaliges Menschenkind.

Gleiche Rechte für alle Menschen

Menschenrechte sind Rechte, die jeder Mensch hat, und zwar allein deshalb, weil er oder sie ein Menschenkind ist. Alle Menschen haben sie, unabhängig davon, ob sie reich sind oder arm, alt oder jung, klug oder dumm, krank oder gesund, gemein oder freundlich. Es ist auch egal, aus welchem Land jemand kommt, welche Religion und welches Geschlecht er hat. Die Menschenrechte schützen die Würde jedes Menschen.

Wenige Jahre nach einem der schlimmsten Kriege überhaupt, am 10. Dezember 1948, haben die Vereinten Nationen die Erklärung der Menschenrechte formuliert. Damit haben sie deutlich gemacht, dass es trotz Krieg und Gewalt zwischen den Ländern und Nationen einen gemeinsamen Maßstab gibt, an den sich alle halten müssen: Basis der Menschenrechte ist die Würde jedes einzelnen Menschen. Im Mittelpunkt aller Gesetze und Regeln muss der Mensch stehen – nicht die Technik, nicht Geld oder Macht. Das ist die Grundlage für Freiheit, Gerechtigkeit, Frieden und die Gemeinschaft der Völker. Das gilt immer und überall, und zwar unabhängig davon, ob alle diesem Maßstab zustimmen. Die Menschenrechte können nämlich nicht durch Menschen außer Kraft gesetzt werden. Sie stehen über uns Menschen. Man kann sie verletzen, aber nicht aufheben.

INFO: Aus der Allgemeinen Erklärung der Menschenrechte

Alle Menschen sind frei und gleich an Würde und Rechten geboren. Jeder hat Anspruch auf alle in dieser Erklärung verkündeten Rechte und Freiheiten, ohne irgendeinen Unterschied, etwa nach Rasse, Hautfarbe, Geschlecht, Sprache, Religion, politischer oder sonstiger Anschauung, nationaler oder sozialer Herkunft, Vermögen, Geburt oder sonstigem Stand. ... Jeder hat das Recht auf Leben, Freiheit und Sicherheit der Person. ... Sklaverei und Sklavenhandel ... sind verboten. Niemand darf der Folter oder grausamer, unmenschlicher oder erniedrigender Behandlung oder Strafe unterworfen werden. ... Jeder hat das Recht auf Meinungsfreiheit und freie Meinungsäußerung. ... Jeder hat das Recht auf Bildung. ...

Carla und die Hausaufgaben

INFO: Der Philosoph Immanuel Kant hat vor ungefähr 200 Jahren darüber nachgedacht, wie wir mit anderen Menschen umgehen sollen. Er sagte: „Handle so, dass du die Menschheit sowohl in deiner Person als auch in der Person eines jeden anderen jederzeit zugleich als Zweck, niemals bloß als Mittel brauchst."

Wie immer bei Kant klingt das ziemlich kompliziert. Aber Zwecke und Mittel kennst du ja schon. Ein Mittel braucht man, damit man einen Zweck erreicht. Kant meinte: Ein Mensch ist nie bloß ein Mittel. Es ist also zum Beispiel nicht richtig, nur deshalb nett zu deiner Mitschülerin Carla zu sein, damit sie dich abschreiben lässt. Sie ist schließlich ein Mensch und kein Hausaufgabenautomat.
Das ist der Unterschied zwischen Menschen und Sachen: Sachen kann man benutzen. Wenn sie nicht mehr funktionieren und nicht mehr zu reparieren sind, darf man sie wegwerfen. Ein Mensch ist aber immer mehr als eine Sache. Es ist gut, dass er da ist, ganz unabhängig davon, ob andere einen Vorteil davon haben. Das gilt natürlich auch für deine kluge Mitschülerin. Es würde sie sehr kränken, wenn du nur auf ihre Hausaufgaben schauen und sie selbst gar nicht beachten würdest. Denn es ist gut, dass sie da ist – einfach weil sie Carla ist. Es wäre auch gut, wenn sie nicht so klug wäre oder niemanden abschreiben ließe.

Schutz und Anerkennung

Wann beginnt der Mensch, ein Mensch zu sein? Bleibt er so lange Mensch, wie sein Körper lebt? Es ist wichtig, über solche Fragen nachzudenken. Denn wir schulden jeder menschlichen Person Schutz und Anerkennung.
Im Lauf der Geschichte gab es immer wieder Forscher, die

gesagt haben: Als Person muss nur jemand anerkannt werden, der für sich selbst eintreten kann. Auch heute denken einige so. Wenn sie recht hätten, müsste man Leute, die schlafen, deren Verstand durcheinander ist, die im Koma liegen oder sterbenskrank sind, nicht achten und ihr Leben nicht schützen. Auch ein Säugling wäre aus diesem Blickwinkel noch keine echte Person. Erst wenn das Kind selbstständig geworden ist und selbst nachdenken kann, würde aus ihm eine echte Person. Und ein Kind, das noch gar nicht auf der Welt ist, weil es sich noch im Bauch der Mutter entwickelt, hätte kein Recht darauf, geboren zu werden. Sein Leben müsste nicht geschützt werden.

Was denkst du: Muss man etwas können, um als menschliche Person anerkannt zu werden? Dürfen andere darüber bestimmen, welcher Mensch als Person geachtet werden muss und welcher nicht?

MUSS MAN IMMER DIE WAHRHEIT SAGEN?

Der Kaiser von China

Ein Satz ist wahr, wenn stimmt, was gesagt wird. Ein Satz ist nicht wahr, wenn nicht stimmt, was gesagt wird. Wenn jemand absichtlich etwas sagt, was nicht stimmt, lügt er.
Wenn jemand sagt: „Ich bin der Kaiser von China“, dann stimmt das genau dann, wenn der, der spricht, wirklich der Kaiser von China ist. Allerdings gibt es in China schon lange keine Kaiser mehr. Deshalb ist der Satz „Ich bin der Kaiser von China“ ganz bestimmt falsch. Wenn er nicht gerade in einem Theaterstück oder im Spiel gesagt wird, ist dieser Satz nicht nur nicht wahr, sondern gelogen.
Aber was ist stärker, die Wahrheit oder die Lüge?
Du kannst es herausfinden, indem du über folgende Frage nachdenkst:

Wäre eine Lüge auch dann noch eine Lüge, wenn niemand die Wahrheit sagen würde? Oder braucht die Lüge die Wahrheit? Funktioniert sie nur, wenn normalerweise alle die Wahrheit sagen? Dann ist sie schwächer als die Wahrheit.

Wer einmal lügt, dem glaubt man nicht…

Eva hat dienstags lange Schule. Ausgerechnet das Fach, das sie am wenigsten leiden kann, liegt in der 7. Stunde: Erdkunde. Sie geht nach der 6. Stunde zum Lehrerzimmer und fragt: „Darf ich nach Hause fahren? Ich habe solche Kopfschmerzen." Die Erdkundelehrerin glaubt ihr und lässt sie gehen.

Eigentlich hat Eva aber gar keine Kopfschmerzen. Sie hat gelogen. Sie wollte bloß Erdkunde schwänzen. Sie fährt auch nicht nach Hause, sondern geht in die Eisdiele. Dort sieht sie der Französischlehrer. Schnell ist die Lüge entdeckt. Das Gespräch mit der Erdkundelehrerin ist ziemlich unangenehm. Zwei Wochen später wird Eva in der großen Pause übel. Sie muss sich übergeben. Es geht ihr richtig schlecht. Sie geht zum Lehrerzimmer und sagt: „Darf ich nach Hause fahren? Mir ist so schlecht." Werden die Lehrer ihr glauben? Was meinst du?

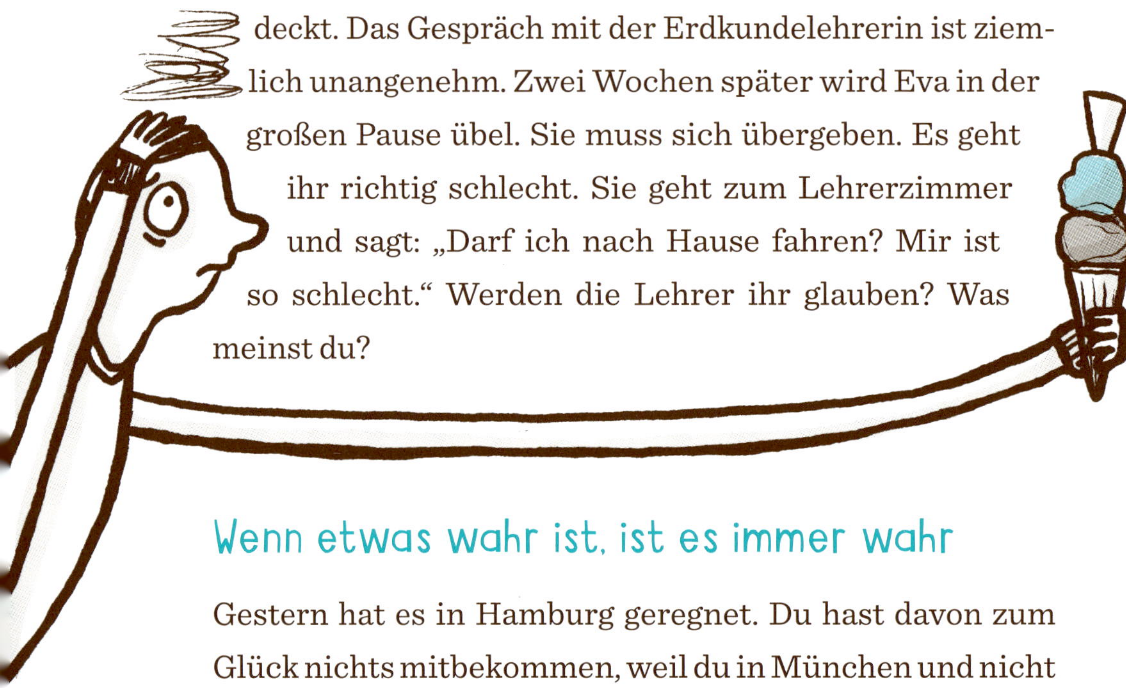

Wenn etwas wahr ist, ist es immer wahr

Gestern hat es in Hamburg geregnet. Du hast davon zum Glück nichts mitbekommen, weil du in München und nicht in Hamburg lebst. In München scheint seit einer Woche die Sonne. Aber heute hat deine Tante aus dem Norden angerufen und von ihrem Schnupfen berichtet, den sie bekommen hat, weil sie gestern so nass geworden ist. Von ihr weißt du, dass in Hamburg schlechtes Wetter war. Aber auch dann, wenn sie nicht angerufen hätte, wäre es wahr, dass es gestern in Hamburg geregnet hat. Denn was wahr ist, ist immer wahr, egal, wer davon weiß oder erzählt. Es ist sogar dann wahr, wenn niemand davon erzählt und keiner davon weiß. Noch in 1000 Jahren, wenn sich niemand mehr an das gestrige Wetter in Hamburg erinnert, wird es wahr sein, dass es gestern – vor 1000 Jahren und einem Tag – in Hamburg geregnet hat.

Zeugen für die Wahrheit

INFO: Einen Menschen, der für seinen Glauben Gewalt, Folter und den Tod auf sich nimmt, nennt man Märtyrer. Dieses Wort kommt aus dem Griechischen und bedeutet „Zeuge". Gemeint ist: Im Leben und Sterben steht jemand für seinen Glauben ein. Ein Märtyrer wendet keine Gewalt an und sucht nicht den Tod. Doch wenn er sein Leben nur durch eine Lüge retten könnte, dann stirbt er lieber, als die Wahrheit zu verleugnen.

Am Portal der anglikanischen Kirche Westminster Abbey in London sind 10 steinerne Figuren angebracht. Sie stellen christliche Märtyrer aus unserer Zeit dar. Unter ihnen ist der katholische Pater Maximilian Kolbe, der 1941 freiwillig starb, damit ein Familienvater die Ungerechtigkeit der Nazis überleben konnte. Eine weitere Statue zeigt den Baptisten Martin Luther King, der in Amerika gewaltlos für die Rechte der Schwarzen kämpfte und 1968 erschossen wurde. Außerdem ist die orthodoxe Äbtissin Elisabeth Feodorovna zu sehen, die 1918 im russischen Bürgerkrieg ermordet wurde. Auch die Figur von Dietrich Bonhoeffer ist als Märtyrer verewigt, ein evangelischer Pfarrer, der 1945 von den Nazis erhängt wurde.

Muss man ein Versprechen halten?

Ein Versprechen ist etwas Besonderes. Tiere können nichts versprechen. Nur Personen können versprechen. Denn versprechen kann nur jemand, der sich an sein Wort erinnert und bereit ist, sich festzulegen. Wer etwas verspricht, legt sich fest, ohne Wenn und Aber. Man kann sich auf ihn verlassen.

Wenn du zum Beispiel heute versprochen hast, nächsten Mittwoch mit dem Hund der Nachbarn spazieren zu gehen, hast du dich festgelegt. Deine Nachbarn verlassen sich auf dich. Sie haben dein Wort. Deshalb kannst du am Mittwoch nicht einfach schwimmen gehen, egal, wie schön das Wetter ist. Du kannst nicht sagen: „Ja, letzte Woche dachte ich noch, dass ich Mittwoch Zeit habe. Aber jetzt hat es sich eben anders ergeben. Ihr habt Pech gehabt. Ich habe mich umentschieden." Denn dein Versprechen bedeutete: „Ich werde für euren Hund sorgen, auch dann, wenn Mittwoch die Sonne scheint und es schön wäre, ins Schwimmbad zu gehen. Ihr könnt euch auf mich verlassen."

Tom
wat's !

WAS TUN, WENN ETWAS SCHIEFGEGANGEN IST?

Wenn man etwas falsch gemacht hat, gibt es verschiedene Möglichkeiten. Eine davon ist sehr verbreitet, bei Erwachsenen genauso wie bei Kindern. Man streitet alles ab und sagt: „Das war ich nicht!" Das ist eine der schlechten Möglichkeiten.

„Das habe ich getan", sagt mein Gedächtnis.
„Das kann ich nicht getan haben", sagt mein Stolz und bleibt unerbittlich.
Endlich – gibt das Gedächtnis nach.

Das hat der Philosoph Friedrich Nietzsche vor über 100 Jahren einmal geschrieben. Damit meinte er: Wir streiten nicht nur gegenüber anderen ab, schuld an etwas zu sein. Wir machen uns sogar selbst etwas vor. Wir sind oft so überzeugt von uns selbst, dass wir nur den anderen, nicht aber uns selbst etwas Schlechtes zutrauen.

So bin ich halt

Anton und Clementine streiten. Clementine beschimpft Anton und sagt sehr hässliche Dinge, die ihm wehtun. Einen Tag später treffen sie sich. Sie wollen sich wieder vertragen. Clementine sagt als Entschuldigung: „So bin ich halt. Ich werde einfach schnell wütend und sage dann Dinge, die ich nicht so meine. Das darfst du mir nicht übelnehmen."

Wie findest du ihre Entschuldigung? Eigentlich ist es gar keine. Denn zu einer Entschuldigung gehört, dass man eingesteht, falsch gehandelt zu haben. Das tut Clementine nicht. Sie macht es sich ziemlich einfach. Sie meint: „Ich bin, wie ich bin. Damit muss Anton klarkommen. Wenn er das nicht schafft, hat er Pech gehabt." Auf den Gedanken, dass sie ihre Wut hätte bezwingen sollen, kommt sie gar nicht. Außerdem bestimmt sie, wie Anton reagieren soll: Er darf ihr ihre Wut nicht übel nehmen. Wieso eigentlich nicht? Hatte Clementine etwa ein Recht darauf, Anton wehzutun?

Verzeihung!

Clemens und Antonia streiten. Clemens beschimpft Antonia und sagt sehr hässliche Dinge, die ihr wehtun. Einen Tag später treffen sie sich. Sie wollen sich wieder vertragen. Clemens sagt als Entschuldigung: „Bitte entschuldige! Ich war gestern unausstehlich. Es war gemein, was ich zu dir gesagt habe. Es tut mir leid. Bleibst du trotzdem meine Freundin?"
Wie findest du seine Entschuldigung?

INFO: Der Philosoph Robert Spaemann erklärt: Es ist etwas Besonderes, dass wir Menschen anderen verzeihen und selbst um Verzeihung bitten können. Tiere können das nicht, denn sie können nicht über sich selbst nachdenken und wissen nicht, was Zeit ist. Wer um Verzeihung bittet, gesteht ein, dass er etwas falsch gemacht hat. Er wünschte, er könnte es ungeschehen machen. Aber er weiß: Es geht nicht. Die Zeit lässt sich nicht zurückdrehen. Nun bittet er: „Denk nicht, dass ich so weitermache wie bisher! Ich will mich ändern. Glaub mir, dass ich nicht nur so bin, wie ich war! Meine Schuld ist nur ein Teil von mir. Ich habe auch ein gutes Herz."

Wer jemand anderem verzeiht, tut genau das, worum der andere bittet: Er legt ihn nicht auf seine Schuld fest und gibt ihm eine neue Chance. Er sagt: „Ja, es stimmt. Du hast mich verletzt. Aber ich glaube dir, dass es dir leidtut und dass du in Zukunft anders handeln willst. Ich kenne auch deine guten Seiten. Ich bleibe dein Freund.“

Muss Strafe sein?

Was bewirkt eine Strafe? Darüber gehen die Meinungen weit auseinander.
Die einen sagen: Wer bestraft wird, spürt, dass er etwas falsch gemacht und andere verletzt hat. Er wird sich bessern. Andere, die ähnliche Taten planen, werden abgeschreckt.
Die anderen sagen: Wer bestraft wird, bessert sich nicht. Im Gegenteil. Die Strafe macht ihn wütend. Er wird immer schlimmer.

Was denkst du? Lässt sich die Frage mit einem einfachen Ja oder Nein beantworten? Worin unterscheidet sich eine Strafe, die ein Kind von seinen Eltern erhält, von der Strafe, die ein Erwachsener durch einen Richter bekommt?

INFO: Im Gesetz sind für bestimmte Taten ganz bestimmte Strafen vorgesehen. Wer zum Beispiel in die Wohnung einer alten Dame einbricht, sie in Angst und Schrecken versetzt, ihre Ersparnisse mitnimmt und später verhaftet wird, muss zur Strafe für einige Zeit ins Gefängnis. Dazu gibt es eine Gerichtsverhandlung. Hier wird geprüft, wie schwer seine Schuld wiegt und ob der Beschuldigte tatsächlich der Täter ist. Man klärt, welches Gesetz zu seiner Tat passt. Wenn der Richter das Urteil spricht, muss er aber auch berücksichtigen, welche Umstände für oder gegen den Angeklagten sprechen. Auf diese Weise sorgt der Staat dafür, dass es gerecht zugeht. Überließe man die Strafe denen, die zu Schaden gekommen sind, herrschten bald Rache und Chaos.

Nichts hören, nichts sehen, nichts sagen?

Kennst du die drei Affen? Einer hält sich die Ohren zu, der nächste die Augen, der dritte den Mund. Der erste Affe sagt: „Ich habe nichts gehört!“ Der zweite: „Ich habe nichts gesehen!“ Der dritte Affe bleibt stumm. Was hätten sie hören und sehen sollen? Was hätten sie sagen sollen?
Die drei Affen stehen für Menschen, die ihre Ohren und Augen verschließen und den Mund halten, wo sie eigentlich hinhören, hinschauen und den Mund aufmachen sollten: zum Beispiel wenn ein Kind beschimpft oder ausgelacht wird. Die anderen Kinder, die achtlos weitergehen

und so tun, als hätten sie nichts gehört und nichts gesehen, sind feige wie die beiden Affen, die sich die Ohren und die Augen zuhalten. Eigentlich müssten sie stehen bleiben und laut sagen: „Nein, so geht das nicht. Das ist nicht gerecht. Lasst das Kind in Ruhe!“ Aber das tun sie nicht – dafür steht der Affe, der sich den Mund zuhält.

Alle drei zeigen: Auch dann, wenn wir ein Unrecht nicht selbst ausgelöst haben, sondern nur beobachten, stellt sich die große Frage der Ethik, also die Frage: Was soll ich tun? Wir dürfen nicht wegschauen, gleichgültig und stumm bleiben. Wir sind gefragt, wenn in unserer Umgebung Unrecht geschieht.

LEBEN GLÄUBIGE MENSCHEN ANDERS?

Hast du schon einmal ein Kind aus deiner Klasse zu Hause besucht, dessen Familie gläubig ist oder das eine andere Religion hat als du? Habt ihr euch darüber unterhalten, was das Besondere dieser Religion ist und ob sich das Leben deines Mitschülers von deinem unterscheidet?
Gläubige Menschen feiern bestimmte Feste und haben eigene Bräuche. Manche tragen eine besondere Kleidung. Viele haben in ihrer Wohnung Symbole ihres Glaubens. Sie beten zu verschiedenen Tageszeiten oder gehen einmal in der Woche in die Synagoge, die Kirche oder die Moschee. Sie halten bestimmte Gebote ein. Diese Dinge sind relativ leicht zu erkennen.
Andere sind nicht sichtbar. Aber man kann über sie sprechen und nachdenken. Verändert der Glaube an Gott das eigene Leben? Was ändert sich? Gehen religiöse Menschen anders miteinander um? Welche Einstellung prägt ihr Leben? Was bedeutet es, eine Hoffnung zu haben?

10 Gebote

In der Bibel stehen 10 Gebote. Juden und Christen glauben: Gott hat sie den Menschen geschenkt, damit ihr Leben gut geordnet ist. Damit alle haben, was sie brauchen, um gut miteinander leben zu können: Freiheit und Leben, Familie und Eigentum, Ehrlichkeit und die Beziehung zu Gott. Diese Gebote lauten:

Du sollst keine anderen Götter verehren.
Du sollst den Namen Gottes heilighalten.
Du sollst den Tag des Herrn achten und würdigen.
Du sollst Vater und Mutter ehren.
Du sollst nicht töten.
Du sollst nicht die Ehe brechen.
Du sollst nicht stehlen.
Du sollst nicht lügen.
Du sollst nichts Böses denken.
Du sollst nicht neidisch sein.

Vieles von dem, was die 10 Gebote enthalten, findet sich in ähnlicher Weise auch in anderen Religionen und Kulturen. Auch Menschen, die nicht religiös sind, können dem Großteil der Gebote zustimmen: den Geboten, das Leben des anderen zu schützen, dem Ehepartner treu zu sein, das Eigentum des anderen zu achten und wahrhaftig zu sein.

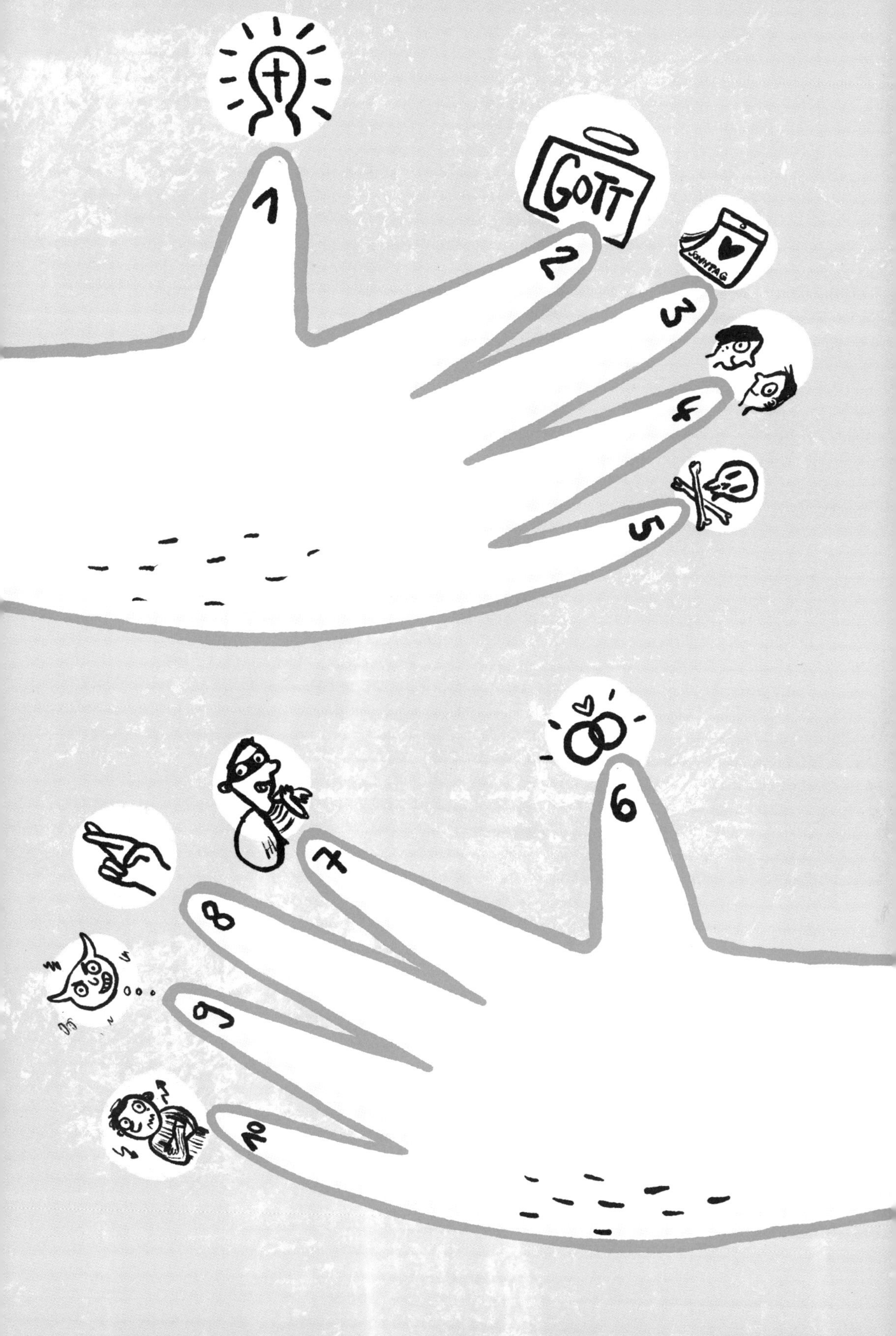

1
GOTT
2
SONNTAG
3
4
5
6
7
8
9
10

Glaube – Hoffnung – Liebe

Was ist wichtig, damit Leben gelingt? Und was ist am wichtigsten? Im Christentum gibt es auf diese Frage eine berühmte Antwort, die viele Menschen überzeugt: Das Wichtigste sind Glaube, Hoffnung und Liebe.
Viele Menschen haben überlegt, was davon an erster Stelle steht und ob diese drei, Glaube, Hoffnung und Liebe, zusammenhängen. Ob man zum Beispiel lieben kann, wenn man keine Hoffnung hat, oder ob man jemand anderen glauben und vertrauen kann, der zu wenig Liebe bekommen hat. Auch der französische Schriftsteller Charles Péguy hat vor über 100 Jahren darüber nachgedacht. Er gibt keine komplizierte Antwort, sondern erzählt eine Geschichte dazu. Was fällt dir dazu ein?

Was mich erstaunt, spricht Gott, ist die Hoffnung. ... Dieses kleine Mädchen Hoffnung. Um nicht zu glauben, mein Kind, müsste man Augen und Ohren verschließen. Um nicht zu sehen, nicht zu glauben. Um seinen Nächsten nicht zu lieben, mein Kind, müsste man Augen und Ohren verschließen. Vor so vielen Augen der Not. Doch die Hoffnung kommt nicht von selbst. ... Um nicht zu hoffen, mein Kind, muss man sehr glücklich sein; man muss eine große Gnade ... empfangen haben.

Glauben ist leicht, und nicht zu glauben, wäre unmöglich.

Lieben ist leicht, und nicht zu lieben, wäre unmöglich.

Doch das **Hoffen** ist schwer ...

Doch die kleine Hoffnung schreitet voran zwischen ihren zwei großen Schwestern und man hat nur nicht acht auf sie. ... Und man glaubte gern, dass die beiden Großen es sind, die die Kleine an der Hand mit sich fortziehen ...

Die Blinden, sie sehen ja nicht, dass im Gegenteil die Kleine inmitten die großen Schwestern mit fortzieht. Die ohne sie ja nichts wären.

Im Angesicht des Todes

Gläubige Menschen haben oft eine andere Einstellung zum Tod als Menschen, die nicht an Gott glauben. Sie sind davon überzeugt, dass mit dem Tod nicht alles aus ist: dass Gott die Toten zum Leben erwecken kann, dass bei Gott wirklich Gerechtigkeit und Frieden herrschen. Ihr Glaube gibt ihnen die Kraft, schlimme Not, eine schwere Krankheit, das Sterben und sogar den Tod anzunehmen, ohne zu verzweifeln.

Ihre Religion prägt nicht nur ihre Einstellung zum Tod, sondern auch ihr Leben: ihre Entscheidungen, ihr Verhalten gegenüber anderen Menschen, ihren Einsatz für Gerechtigkeit und Frieden, die Art und Weise, wie sie Gott suchen. Sie glauben, dass Gott für jeden Menschen einen guten Plan hat. Sie versuchen, Gottes Plan für ihr Leben herauszufinden. Denn sie spüren: Dieser Weg ist gut für mich. Auf ihm kann mein Leben gelingen – auch dann, wenn ich nicht immer verstehe, warum etwas geschieht.

UND WAS WIRD AUS MIR?

Warum soll ich Hausaufgaben machen?

Jeden Tag in die Schule zu gehen, kann ganz schön anstrengend sein. Hausaufgaben sind oft lästig. Auch das Training im Fußballverein macht nicht jede Woche Spaß. Und freiwillig jeden Tag Flöte zu üben, gelingt nur wenigen. Warum das Ganze?

Nicht festgelegt

INFO: Der Philosoph Arnold Gehlen hat vor etwa 80 Jahren darüber nachgedacht, was den Menschen vom Tier unterscheidet. Er meinte: Ein Tier kommt so auf die Welt, dass es in seiner Umgebung schon bald gut überleben kann. Es erwirbt sehr schnell alle Fähigkeiten, die es braucht, um Nahrung zu finden und sich vor seinen Feinden zu schützen. Allerdings ist es auf eine bestimmte Umgebung festgelegt. Ein Fisch kann nur im Wasser leben. Ein Elefant braucht bestimmte Pflanzen, die er fressen kann. Fehlen sie, stirbt er. Er kann sich nicht umstellen und zum Beispiel ab morgen Frösche jagen und fressen.

Beim Menschen ist das anders. Er kommt irgendwie unfertig auf die Welt. Ließe man ein kleines Kind allein im Wald, hätte es keine Chance zu überleben. Ein Menschenkind muss erst lernen, wie das Leben in seiner Umgebung gelingt. Es muss seine Fähigkeiten trainieren. Aber der Mensch hat einen großen Vorteil: Er ist nicht festgelegt, sondern kann alles Mögliche ausprobieren. Er kann in Afrika oder in Japan leben. Er kann schwimmen lernen oder als Pilot in der Luft herumfliegen. Er kann verschiedene Sprachen erlernen. Er kann Fußball und Flöte spielen. Viele Möglichkeiten stehen ihm offen. Allerdings muss er sich für einige dieser vielen Möglichkeiten entscheiden und sich anstrengen, damit sie gelingen. Von nichts kommt leider nichts. Und das heißt: üben, üben, üben ...

Aufeinander achten

Emilia und Johanna sind Freundinnen. Freundinnen achten aufeinander. Emilia bemerkt zum Beispiel sofort, wenn Johanna traurig ist. Und Johanna unterstützt Emilia bei den Hausaufgaben. Denn Emilia ist nicht besonders gut in der Schule. Sie traut sich nichts zu. Sie sagt: „Es ist mir egal, wenn die nächste Klassenarbeit danebengeht. Das bringt doch sowieso nichts." Johanna lässt das nicht gelten. Sie sagt: „Denk doch nicht so klein von dir. Probiere es! Ich helfe dir. Ich bin ganz sicher: Du schaffst es." Es ist schön, eine Freundin zu haben. Manchmal merkt Emilia abends vor dem Einschlafen, dass Johannas Worte ihre eigenen werden.

Sie sagt zu sich selbst: „Denk nicht so klein von dir! Du schaffst es!"

Johanna hat ihr geholfen, dass sie selbst besser auf sich achtet. Durch Johanna spürt sie, dass es auch an ihr selbst liegt, ob sie mit sich zufrieden ist. Es ist wichtig, gute Freundinnen zu haben. Es ist auch wichtig, sich selbst eine gute Freundin, ein guter Freund zu sein. Denn ein echter Freund bemerkt oft früher, wenn etwas schiefläuft, und sagt das dann auch, ehrlich und liebevoll. Das hilft oft sehr.

Dafür bist du noch nicht alt genug!

Bestimmt kennst du diesen Satz. Und bestimmt hast du dich schon einmal darüber geärgert. Vielleicht hast du aber auch eine kleine Schwester, die unbedingt mitmachen will, wenn du mit den großen Jungs draußen Fußball spielst. Vielleicht hast du dann auch schon zu ihr gesagt: „Dafür bist du noch nicht alt genug!" Was meinst du: Ob sie sich darüber geärgert hat?

Manchmal ist es ganz gut, noch nicht alt genug für etwas zu sein. Wärst du zum Beispiel 30 Jahre älter, müsstest du den ganzen Tag arbeiten. Abends wärst du vermutlich sehr erschöpft und müsstest trotzdem noch bügeln oder kochen. Und wenn du 70 Jahre älter wärst, hättest du vielleicht Schmerzen in den Knien und dein Gedächtnis würde nicht mehr so gut funktionieren. Jedes Alter hat seine Vorteile ...

Meistens geht es den Menschen nicht gut, wenn sie etwas tun, das nicht zu ihrem Alter passt. In vielen Ländern müssen kleine Kinder arbeiten, oder sie werden als Soldaten in den Krieg geschickt. Manchmal leben Jugendliche bei uns wie Erwachsene. Sie übernehmen zu Hause Aufgaben von Erwachsenen, weil die Eltern fehlen oder krank sind. Sie tragen eine Verantwortung, die für Menschen in ihrem Alter zu groß ist. Sie sollten sagen dürfen: „Dafür bin ich noch nicht alt genug!"

Privatsachen

Ein kleines Kind findet es nicht schlimm, nackt im Sand zu spielen. Wenn es älter wird, ändert sich das. Dann geht es im Schwimmbad zum Umziehen in eine Umkleidekabine. Es möchte sich vor fremden Blicken schützen. Je älter wir werden, umso deutlicher spüren wir, wie wichtig das ist. Wir verstehen immer besser, dass wir behutsam mit unserem eigenen Körper umgehen und auf ihn achten müssen.

Wir Menschen schützen nicht nur unseren Körper vor fremden Blicken, sondern auch Dinge, die uns kostbar sind: ein Tagebuch zum Beispiel, Fotos oder Briefe, die uns wichtig sind. Oder etwas, das in der Familie besprochen wurde oder was uns eine gute Freundin anvertraut hat. Wo man sich vertraut, ist man offen: Man traut sich, private Dinge zu erzählen, ohne Angst, ausgelacht zu werden. Wo man sich vertraut, fühlt man sich sicher.

BRAUCHE ICH DIE ANDEREN?

Ohne Freunde möchte niemand leben

Der Philosoph Aristoteles hat vor mehr als 2300 Jahren über den Menschen nachgedacht. Er hat ihn so beschrieben: Der Mensch ist ein Lebewesen, das Vernunft hat, sprechen kann und nach Tugend strebt. Und er ist ein Lebewesen, das in Gemeinschaft mit anderen lebt. Diese Gemeinschaft ist für ihn sehr wichtig. Ohne Beziehung zu anderen Menschen ist der Mensch nicht mehr er selbst. Besonders wichtig war für Aristoteles die Freundschaft.

Er sagte: „Ohne Freunde möchte niemand leben."

Der Mensch – ein Wolf?

Thomas Hobbes lebte etwa 2000 Jahre später. Er sah das anders. Ihn hat ein Satz des römischen Dichters Titus Maccius Plautus überzeugt:

„Der Mensch ist für den anderen Menschen ein Wolf."

Damit meinte er: Einem Fremden gegenüber verhält sich der Mensch normalerweise nicht wie ein Freund. Einem Fremden begegnet er normalerweise mit Misstrauen. Daraus entsteht dann quasi automatisch Streit. Weil jeder zunächst für sich selbst sorgt und sich nur um seine eigenen Bedürfnisse kümmert, ist der Krieg aller gegen alle vorprogrammiert. Frieden, Sicherheit und Gemeinschaft gibt es ihm zufolge erst dann, wenn sich alle zusammentun, einen Vertrag schließen und eine Regierung bilden. Dieser Regierung müssen alle gehorchen. Ihre Regeln gelten für alle. Sie schützen die Menschen voreinander. Sie bändigen den Egoismus und das Misstrauen zwischen ihnen.

Ist ein Mensch für den anderen eher ein Freund oder eher ein Wolf?

Welche Erfahrungen hast du gemacht? Wie begegnest du einem neuen Mitschüler: aggressiv oder freundlich? Vertraust du darauf, dass er nett und ehrlich ist, oder denkst du zuerst Schlechtes von ihm?

Geschwister, Eltern, Verwandte und Freunde

Jede Familie ist anders. Und unterschiedlich groß. Es gibt Geschwister, Mütter und Väter, Großeltern, Verwandte, Nachbarn und Freunde. Manchmal wohnen alle nah beieinander, manchmal weit entfernt. Manchmal verstehen sich alle gut, manchmal haben sie es aber auch schwer miteinander. Beides prägt uns ein Leben lang: das Gute und das Schwere.

In der Familie und unter Freunden lernen wir, uns auf andere zu verlassen. Wir lernen auch, uns mit anderen auseinanderzusetzen. Jedes Kind, das einen Bruder oder eine Schwester, einen Freund oder eine Freundin hat, weiß, wie das ist. Immer wieder gibt es Streit, aber oft auch Versöhnung.

Geschwister, Eltern, Verwandte und Freunde sind kostbar. Niemand kann sie ersetzen. Das ist uns zwar im Alltag nicht ständig bewusst, aber immer wieder gibt es Augenblicke, in denen wir dies spüren: Das kann ein gutes Gespräch sein, eine gemeinsame schöne oder auch schwere Erfahrung, Trost und Rat zur rechten Zeit und vieles mehr. In solchen Augenblicken stellt sich Dankbarkeit ein und ein Gefühl, dass alles stimmt.

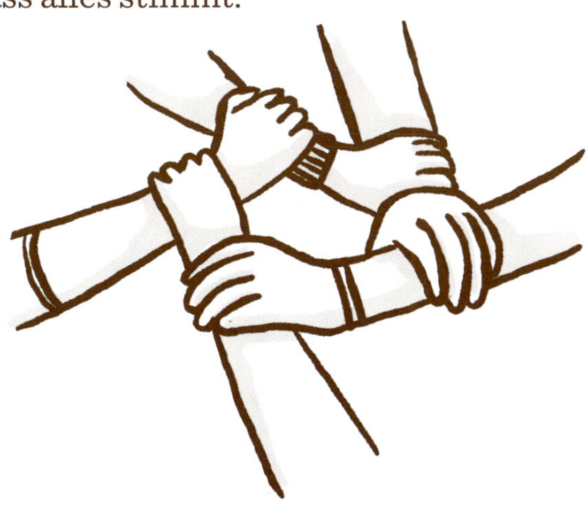

Du wirst nicht sterben!

Wenn jemand stirbt, der uns kostbar ist, ist das eine Katastrophe. Ein geliebter Mensch ist nicht mehr da. Er kann uns nicht mehr anschauen, nicht mehr in den Arm nehmen, kein gutes Wort mehr sagen. Auch ein Stück unseres eigenen Lebensweges bricht ab, denn er ist eine Wegstrecke mit uns zusammen gegangen. Den Weg allein weiterzugehen, ist nicht dasselbe.

INFO: Der Philosoph Gabriel Marcel hat vor 70 Jahren einmal gesagt: „Einen Menschen lieben, heißt sagen: Du wirst nicht sterben." Damit meinte er, dass es unvorstellbar ist, dass jemand, den wir lieben, mit dem Tod endgültig fort sein soll. Wer liebt, kann den Gedanken nicht ertragen, dass die gemeinsamen Erfahrungen mit einem Mal ausgelöscht sein sollen, als hätte es sie nie gegeben. Als wäre alles gleichgültig. Einander lieb zu haben, ist so etwas wie ein Protest gegen den Tod. Der Satz „Du wirst nicht sterben" meint also nicht, dass der Tod überwunden wäre. Alle Menschen sterben. Das wusste auch Gabriel Marcel. Er wollte ausdrücken: Das, was einen Menschen ausmacht, das bleibt. Freundschaft überdauert den Tod. Die Liebe ist stärker als der Tod.

BEKOMMEN MÄUSE WINDPOCKEN?

Kleine Tiere, große Tiere

Magst du Tiere? Bestimmt. Vielleicht hast du sogar ein eigenes Haustier: einen Hund oder ein Kaninchen, für das du sorgst. Tiere sind wie gute Freunde, und wenn sie einmal sterben, bist du sehr traurig. Aber magst du alle Tiere? Auch Stechmücken und Haie? Wie ist es mit Kopfläusen? Bei vielen hört hier die Freundschaft auf.

Manche Menschen lehnen es ab, das Fleisch von Tieren zu essen. Man nennt sie Vegetarier, das bedeutet: Pflanzenesser. Sie wollen nicht, dass Tiere ihretwegen sterben. Andere verzichten aus gesundheitlichen Gründen auf Fleisch. In Asien finden es viele Menschen aus religiösen Gründen nicht richtig, das Fleisch getöteter Tiere zu essen. Denn jedes Töten ist Gewalt.

Immer mehr Menschen ernähren sich vegan, d. h. sie essen keine tierischen Produkte: kein Fleisch, keinen Fisch, keine Milch, keine Eier und keinen Honig. Manche tragen auch keine Kleidung aus Leder oder Wolle. Sie tun dies, um Tiere zu schützen, aber auch, um einen Beitrag zum Klimaschutz zu leisten. Es wird nämlich immer deutlicher, wie schädlich sich die Massentierhaltung auf das Klima auswirkt.

Was haben Mäuse mit Tabletten zu tun?

Medizin wird hergestellt, damit Kranke gesund werden. Das ist ein wichtiges und gutes Anliegen. Viele Forscher arbeiten an der Entwicklung neuer Medikamente. Es ist kompliziert herauszufinden, welche Stoffe am besten gegen eine Krankheit helfen. Die neuen Medikamente können auch nicht sofort an Menschen ausprobiert werden. Möglicherweise haben sie schädliche Wirkungen, die man im Labor nicht entdeckt hat. Deshalb testet man die neuen Wirkstoffe zuerst an Tieren: an Mäusen, Ratten, Schweinen und anderen Tieren. Viele Ergebnisse lassen sich auf den Menschen übertragen, denn die Organe dieser Tiere sind unseren Organen ähnlich.

Mit solchen Tierversuchen wurde Medizin gegen viele schlimme Krankheiten entwickelt. Zahlreiche Menschen

wurden gesund. Viel Leid konnte verhindert werden. Aber viele Tiere starben an den Experimenten.
Manche sagen: Das muss man in Kauf nehmen. Denn das Leben eines Menschen wiegt mehr als das eines Tieres. Die Erfolge der Forschung wären ohne Tierversuche viel geringer.
Andere meinen: Tierversuche sind nicht richtig. Außerdem sind ihre Ergebnisse nicht eindeutig genug. Viele Krankheitsursachen treten bei Tieren nicht auf, zum Beispiel Stress oder das Rauchen. Die Ergebnisse aus Tierversuchen kann man deshalb nicht einfach auf den Menschen übertragen. Viele Tiere sterben umsonst.

Was denkst du?
Darf man Tiere gefährden, damit Menschen leben und gesund werden?

Erfrorene Pinguine

Vor einigen Jahren sind im Nürnberger Zoo fünf Pinguine erfroren. Eigentlich sollte man meinen, dass Pinguine gar nicht erfrieren können. Denn sie sind doch quasi die Kälteprofis unter den Vögeln. Diese Pinguine kamen allerdings nicht vom Südpol, sondern aus einer Gegend, in der es wärmer ist als bei uns im Winter. Sie waren die Kälte nicht gewohnt und konnten sich nicht auf sie einstellen.
Das Beispiel der Nürnberger Pinguine zeigt ein Problem: Einerseits ist es toll, dass wir hier in Deutschland Tiere

anschauen und besuchen können, die normalerweise ganz woanders leben. Außerdem ist das Überleben vieler dieser Tiere in ihrer Heimat nicht sicher. Denn ihr Lebensraum wird durch die Ausbreitung der Städte, durch Umweltverschmutzung und Klimawandel immer weiter eingeschränkt. So gesehen ist der Zoo ein Schutz für viele Tiere. Manche werden sogar wieder in ihre Heimat zurückgebracht und dort ausgewildert. Viele Tierarten wären ohne den Zoo bereits ausgestorben.

Andererseits ist für die meisten Tiere das Leben im Zoo ganz anders als das Leben in ihrer natürlichen Heimat. Dort haben sie viel mehr Platz und genau das Klima, auf das ihr Körper eingerichtet ist. Außerdem werden sie nicht ständig angeschaut und fotografiert, sondern leben unter ihren Artgenossen.

Was denkst du? Ist es richtig, Tiere im Zoo zu halten?
Was muss man tun, damit es ihnen gut geht?

Aufgepasst!

Unsere Umwelt ist kein Automat, der einfach so und für immer gut funktioniert. Tiere, Pflanzen, Böden, Gewässer, die Luft und das Wetter – alles ist voneinander abhängig. Verändert sich ein Teil, hat das Auswirkungen auf die anderen. Unser Klima ist abhängig davon, wie groß die Urwälder auf unserer Erde sind und welche Pflanzen dort wachsen. Wie sauber unser Wasser ist, hängt davon ab, wie viele Giftstoffe im Boden sind. Bergbau, Chemieindustrie und Massentierhaltung haben zwar einige Jahrzehnte lang für viel Wohlstand gesorgt. Aber ihre Auswirkungen bedrohen mittlerweile das Überleben von Menschen und Tieren. Die meisten Umweltschäden haben wir Menschen durch unser Verhalten verursacht. Oft lassen sie sich nicht rückgängig machen. Schon jetzt erleben wir die Folgen des Klimawandels: Überschwemmungen, Dürre, Hitze bedrohen den Lebensraum vieler Menschen. Es ist höchste Zeit, dass alle, Kinder und Erwachsene, vor allem die Menschen in den reichen Ländern, ihr Leben ändern und radikal umsteuern.

dagegen!
noo

WIE WIRD MAN ALLEN GERECHT?

Schon in der Familie oder in der Klasse ist es nicht einfach, alle unter einen Hut zu bringen. Zu unterschiedlich sind die Bedürfnisse und Wünsche, die Fähigkeiten und Aufgaben der Einzelnen. Stadtrat und Bürgermeister einer Stadt müssen dieses Kunststück für mehrere Tausend Bürgerinnen und Bürger schaffen. Bei einem Staat handelt es sich um viele Millionen Menschen. Wie kann man allen gerecht werden? Wie kann es gelingen, dass alle zusammenwirken und niemand benachteiligt wird?

Philosophen an die Macht!

INFO: Der Philosoph Platon hat vor ungefähr 2400 Jahren darüber nachgedacht, welche Staatsform die beste ist. Er fand, dass die Weisen, also die Philosophen, regieren sollten. Denn sie sind sehr klug. Sie können am besten dafür sorgen, dass in einem Staat Gerechtigkeit herrscht. Die Krieger sollten die zweite Gruppe im Staat bilden. Sie sind mutig und sorgen für Schutz. Und die Bauern und Handwerker achten darauf, dass alle genug zu essen und anzuziehen haben.

Platons Staat hat es in Wirklichkeit nie gegeben. Trotzdem kann man über seine Idee nachdenken: Sind die Philosophen die besten Politiker? Viele Menschen heute finden das nicht. Sie sagen: Wissenschaftler können zwar gut nachdenken, aber sie sind im praktischen Leben nicht besonders geschickt. Platon ging es aber vor allem darum, dass Vernunft und Gerechtigkeit herrschen. Dafür hat er eine Lösung gesucht.

Was muss man heute tun, damit es vernünftig und gerecht zugeht?

Freiheit – Gleichheit – Brüderlichkeit

INFO: So lautete das Motto der Französischen Revolution von 1789. In harten Kämpfen vollzog sich ein ungeheurer Wandel. Die Menschen hatten hohe Ideale: Es sollte im Staat gerecht zugehen. Alle, nicht nur der König, die Adligen und die Priester, sollten mitbestimmen. Die Stimmen der Bauern und der Handwerker sollten nicht weniger gelten als die der Mächtigen. Alle sollten sagen und denken können, was sie für richtig halten. Die Regierung sollte von allen gewählt werden und das ganze Volk vertreten. Wer Macht hat und ausübt, sollte darüber Rechenschaft ablegen müssen. Man hatte verstanden: Alle Menschen haben als Menschen die gleichen Rechte. Sie sind frei. Sie sollen einander als Brüder achten.

Die Revolution hatte leider auch sehr viele dunkle Seiten. Es gab ungeheuer viel Gewalt und Blutvergießen. Gegner der Revolution wurden hingerichtet. Außerdem galt das Motto „Freiheit, Gleichheit, Brüderlichkeit“ nur für weiße Männer. Die Sklaverei wurde erst viel später abgeschafft. Rassismus gibt es heute noch. Es dauerte bis ins 20. Jahrhundert, bis Frauen den Männern gleichgestellt wurden.

Demokratie

Viele Ideale der Französischen Revolution sind heute auch in unserem Land verwirklicht: Alle Menschen haben die gleichen Rechte. Sie sind frei und können selbst über ihr Leben bestimmen. Die Regierung wird von allen gewählt. Dadurch sind alle an der Macht im Staat beteiligt.

INFO: Diese Staatsform nennt man Demokratie. Das Wort kommt aus dem Griechischen und bedeutet: Macht des Volkes. Deshalb ergehen auch die Urteile, die die Gerichte sprechen, im Namen des Volkes. Sie entsprechen den Gesetzen, die im Parlament beschlossen werden.

Die Macht der Argumente

Wie kann es gelingen, auf eine Frage, die alle betrifft, eine richtige Antwort zu finden?
Stell dir folgende Situation vor: Ein Stadtviertel soll umgebaut werden. Die alten Wohnungen sollen renoviert werden. Es sollen moderne Geschäfte und Büros entstehen,

auch ein kleiner Park und ein Spielplatz. Das klingt erst mal gut. Aber schickere Wohnungen kosten mehr Geld. Wer jetzt im Viertel wohnt, kann sich das nicht leisten. Der kleine Kiosk um die Ecke wird schließen müssen. Das Viertel wird sich total verändern. Ist das gut? Wie sollten die Stadtplaner vorgehen, um zu einer guten und gerechten Entscheidung zu kommen? Wen sollten sie fragen?

INFO: Der Philosoph Jürgen Habermas hat in unserer Zeit viel über diese Frage nachgedacht. Er ist der Ansicht, dass die vernünftige Diskussion aller Beteiligten zur richtigen Antwort führt. Dazu müssen einige Bedingungen erfüllt sein: Alle, die am Gespräch teilnehmen, müssen einander anerkennen. Sie müssen ehrlich sein. Sie müssen einander zuhören. Und sie müssen so reden, dass die anderen auch verstehen, was sie meinen. Alle dürfen Fragen stellen und Kritik äußern. Alle müssen überlegen, ob sie unbedingt ihre eigene Idee durchsetzen wollen oder ob sie auch bereit sind, sich von den anderen überzeugen zu lassen. Und dann schauen alle gemeinsam, welches Argument am stärksten ist.

Diese Bedingungen sind ein Ideal. Im Alltag sind sie meistens nicht vollständig zu verwirklichen. Nicht alle können in jeder Frage mitdiskutieren. Oft fehlt die Zeit, um ein Problem wirklich gut zu besprechen. Oder das Problem ist so kompliziert, dass nur Spezialisten sich wirklich gut damit auskennen. Und wenn es unter denen, die miteinander diskutieren sollen, Streit gibt, kommt ein vernünftiges Gespräch kaum zustande. Was meinst du: Wird das Stadtviertel umgebaut wie geplant, wenn alle – der Kioskbesitzer, die Familien, die Alten, die schon immer hier leben – mitreden dürfen?

Mit verbundenen Augen

INFO: Das Wort Justitia ist Latein und bedeutet Gerechtigkeit. Sie wird häufig als Figur dargestellt, zum Beispiel an einem Gerichtsgebäude oder Kirchenportal. Sie hat die Augen verbunden, eine Waage und ein Schwert in den Händen.

Was soll das bedeuten? Ist die Gerechtigkeit blind? In gewisser Weise ja: Sie ist blind dafür, wer vor ihr steht. Sie schaut weder auf die Hautfarbe noch auf die sexuelle Orientierung, weder auf die Herkunft noch auf die Sprache, weder auf das Vermögen oder die Bildung eines Menschen. Gerechtigkeit ist unparteiisch. Das bedeutet: Ihr Maßstab gilt für alle gleich. Gerechtigkeit schaut nicht auf die Person.

Aber sie ist nicht blind, wenn es um die Sache geht. Im Gegenteil: Sie wägt genau ab und prüft alle Beweise. Dafür steht die Waage. Meist hängt eine Waagschale tiefer als die andere. Damit wird ausgedrückt: Im Zweifelsfall wiegt der Schutz des Angeklagten schwerer als der Verdacht gegen ihn. Solange seine Schuld nicht eindeutig bewiesen ist, muss man an seine Unschuld glauben. Das Schwert steht für die Kraft der Gerechtigkeit. Sie muss sich durchsetzen. Ohne Gerechtigkeit geht eine Gesellschaft zugrunde.

Was denkst du: Darf die Gerechtigkeit nicht wissen, wer vor ihr steht? Kann man jemandem gerecht werden, ohne ihn zu kennen, ohne ihn anzusehen, ohne ihm Gutes zu wollen? Wann muss Gerechtigkeit blind sein und wann nicht?

x 100
=
&

WEM GEHÖRT DIE WELT?

Warum backt die Bäckerin Brötchen?

Der Tag einer Bäckerin beginnt früh: Mitten in der Nacht steht sie auf und bereitet in der Backstube eine Menge Teig vor. Die Menschen stehen schon früh am Morgen im Laden, weil sie Brötchen zum Frühstück kaufen möchten.

INFO: Der schottische Moralphilosoph Adam Smith meinte vor ungefähr 250 Jahren: Die Bäckerin steht nicht deshalb in der Backstube, weil sie für die anderen sorgen möchte, sondern weil sie Geld verdienen will. Und das ist auch in Ordnung so. Denn sie braucht ihren Lohn. Sie muss ihre Miete bezahlen, Essen und Kleidung kaufen und ihre Familie versorgen. Und die Menschen kaufen Brötchen, weil sie Hunger haben, und nicht, um der Bäckerin eine Freude zu machen. Adam Smith folgerte daraus: Unsere Wirtschaft funktioniert am besten, wenn alle nach ihrem eigenen Interesse handeln. Obwohl niemand extra für die anderen sorgt, geht es letztlich allen gut. Der Eigennutz der Einzelnen führt quasi automatisch zum Wohl aller.

Was denkst du? Reicht es aus, dass jeder bei seiner Arbeit nur seinen Vorteil im Blick hat? Kann eine Gemeinschaft überleben, in der es jedem nur um sich geht? Was ist mit denen, die nicht arbeiten können, weil sie arbeitslos, krank oder alt sind? Wer sorgt für sie?

Zum Wohl aller

Vor über 150 Jahren veränderten sich in Europa die Arbeitsabläufe und Berufe. Neue Techniken und Maschinen wurden erfunden. Fabriken entstanden. Unter den Fabrikarbeitern herrschte großes Elend: Trotz langer, schwerer Arbeit bekamen sie nicht genug Lohn, um für sich und ihre Familie zu sorgen. Schon kleine Kinder mussten arbeiten und konnten nicht zur Schule gehen. Viele Menschen hungerten und wurden krank, weil die Arbeit in der Fabrik so ungesund war. Wer sich beklagte oder fehlte, wurde entlassen. Erst nach und nach entstanden Gewerkschaften, die für das Wohl und die Rechte der Arbeiterschaft eintraten. Renten- und Krankenversicherungen wurden entwickelt. Im Fall von Arbeitslosigkeit oder Armut gibt es staatliche Unterstützung. Denn nicht nur das Wohl des Einzelnen zählt, auch das Wohl aller. Das nennt man Gemeinwohl.

Sollten alle gleich viel verdienen?

Wer arbeitet, verdient Lohn und kann kaufen, was er braucht und was ihm gut gefällt. Wäre es gerecht, wenn alle gleich viel Geld bekommen, egal, welchen Beruf sie haben und wie viel sie arbeiten? Und wie viel muss jeder bekommen? Sollte jemand, der Familie hat, mehr Geld bekommen als jemand, der nur für sich selbst sorgen muss? Wer legt überhaupt fest, wie viel jemand verdient?

Normalerweise tut das derjenige, der Arbeit zu verteilen hat, also zum Beispiel die Chefin einer Firma. Sie muss gut abwägen: Die Menschen, die für sie arbeiten, haben unterschiedliche Bedürfnisse. Sie sind auch unterschiedlich ausgebildet. Manche haben sich fortgebildet und können kompliziertere Aufgaben übernehmen. Wer mit seiner Arbeit zufrieden ist und gut von seinem Lohn leben kann, wird zuverlässiger arbeiten als der, der sich ungerecht behandelt fühlt. Aber die Firma muss natürlich auch Profit machen. Wenn sie pleite geht, ist niemandem gedient.

Was bedeutet Armut?

Viele Menschen auf der Welt hungern. Sie haben weniger als einen Euro am Tag. Davon kann man in keinem Land gesund leben. Alle drei Sekunden stirbt auf unserer Erde ein Kind an den Folgen schwerer Armut.

Auch in Deutschland sind sehr viele Kinder und Erwachsene arm. Sie haben zwar mehr Geld als nur einen Euro und müssen normalerweise nicht hungern oder frieren. Armut hat aber viele Gesichter: zum Beispiel nicht an einer Klassenfahrt teilnehmen zu können, kein Geld für Musikunterricht, Nachhilfe oder den Sportverein zu haben. Armut kann auch bedeuten, dass ein Kind seine Fähigkeiten nicht entwickeln kann, zum Beispiel, weil niemand bemerkt, dass es gut malen kann. Armut kann bedeuten, nicht zu wissen, wie schön es ist zu lesen, etwas zu lernen, Fantasiereisen zu unternehmen oder sich mit anderen für etwas einzusetzen.

Was denkst du:
Ist eine Frau, die viel Geld hat, aber furchtbar einsam ist, arm oder reich? Ist sie ärmer oder reicher als eine Frau, die wenig Geld hat und auch einsam ist?

Freiwillig arm

Agnes Gonxha Bojaxhiu wurde 1910 in Mazedonien geboren. 1997 starb sie. Bekannt wurde sie unter ihrem Ordensnamen: Mutter Teresa. Sie war eine ungewöhnliche Frau. Sie lebte in Kalkutta in Indien. Dort sah sie schreckliche Armut. Sie entschloss sich, ihr Leben den Ärmsten der Armen zu widmen. 1950 gründete sie den Orden der Missionarinnen der Nächstenliebe. Heute hat der Orden 3500 Mitglieder und arbeitet in 133 Ländern.

Die Missionarinnen der Nächstenliebe leben freiwillig in äußerster Armut. Sie besitzen nur zwei oder drei Umhänge, Unterwäsche, einem Wascheimer, Papier, Stifte und ein Gebetbuch. Sie kümmern sich um ausgesetzte Säuglinge, Kranke, Hungernde und Sterbende. Sie schenken ihnen Aufmerksamkeit und Liebe. Sie leben dafür, dass sich niemand unerwünscht fühlt und allein gelassen wird. Fünf Stunden verbringen die Schwestern jeden Tag im Gebet. Das gibt ihnen Kraft für ihren Einsatz.

WANN IST ENDLICH FRIEDEN?

Verkehrte Welt

Die Geschichte ist voll von Kriegen. Völker und Nationen kämpfen gegeneinander. Menschen leiden, weil ihre Herrscher einen Krieg angezettelt haben. Im Krieg kommen die dunkelsten Seiten der Menschen ans Licht. Nachbarn kämpfen gegen Nachbarn, Völker gegen Völker. Es geschehen grausame Verbrechen. Misstrauen, Hass und Rache bestimmen das Geschehen.

Im Krieg werden die guten Kräfte der Menschen zum Bösen benutzt: Menschen, die gut planen können, planen nun die Vernichtung anderer Menschen. Kluge Leute entwickeln Bomben und grausame Waffen. Geschickte Techniker bauen Waffen, die andere Menschen töten. Wer gut organisieren kann, organisiert den Transport von Truppen und Panzern. Richter sprechen ungerechte Urteile. Lehrer schwören die Schüler auf den Krieg ein. Freunde werden Feinde und verraten einander.

Natürlich gibt es immer auch Menschen, die nicht bereit sind, bei dieser verkehrten Welt mitzumachen. Ihr Herz bleibt aufrecht und ihr Verstand klar. Sie helfen Verfolgten. Sie versuchen, möglichst viele andere vom Frieden zu überzeugen. Sie wollen Freundschaft mit denen schließen, die im Krieg Feinde genannt werden.

Kann Krieg gerecht sein?

In jedem Krieg sterben Menschen. Unschuldige leiden. Familien werden auseinandergerissen. Unvorstellbares Unrecht geschieht. Kann es einen guten Grund geben, Krieg zu führen? Kann es erlaubt sein, zu den Waffen zu greifen? Kann durch Krieg Schlimmeres verhindert werden?

INFO: Über diese Fragen wurde in der Geschichte immer wieder diskutiert. Vor ungefähr 100 Jahren hat man Regeln gefunden, die für alle Völker gelten sollen. Darin steht: Erst wenn alle Gespräche scheitern, darf man überhaupt über einen Krieg nachdenken. Es muss einen gerechten Grund geben: Verteidigung oder Schutz einer verfolgten Bevölkerungsgruppe zum Beispiel. Einen anderen Staat einfach anzugreifen, ist immer und überall verboten. Aber ein Land, das angegriffen wird, darf sich verteidigen. Auch mit Waffen. Alle Anstrengungen der Kriegsparteien und der Nachbarländer müssen darauf gerichtet sein, Gerechtigkeit und Frieden wiederherzustellen. Jedes unnötige Leid muss vermieden werden. Die Bevölkerung muss geschont werden. Gefangene müssen gerecht behandelt werden.

Doch natürlich machen diese Regeln den Kummer einer Mutter nicht geringer, die im Krieg einen Sohn verloren hat. Sie trösten kein Kind, dessen Vater getötet wurde. Die Soldaten, die aus einem Krieg heimkehren, sind nicht mehr dieselben wie die, die in den Krieg gezogen sind. Sie haben Schreckliches erlebt, das sie nie mehr vergessen können.

Frieden oder Waffenstillstand?

Kannst du dich noch an einen schlimmen Streit erinnern, den du mit deinem Bruder oder einem Mitschüler hattest? Wie habt ihr es geschafft, den Streit zu beenden? Vielleicht seid ihr euch zunächst aus dem Weg gegangen, der eine mit Tränen in den Augen und die andere mit Wut im Bauch. Wie war es bei der nächsten Begegnung? Konntet ihr einander in die Augen schauen? Habt ihr miteinander gesprochen? Wie habt ihr euch wieder vertragen? Habt ihr es allein geschafft oder hat der Vater, eine Lehrerin oder ein Mitschüler dabei geholfen? Was würdest du sagen: Wann war wirklich wieder Frieden zwischen euch?

Unter verfeindeten Ländern oder Gruppen ist das gar nicht so anders. Auch hier bedeutet Frieden viel mehr, als dass niemand mehr kämpft. Echter Friede braucht Versöhnung und Vertrauen zwischen den Beteiligten.
Aber wie schwer kann es sein, einander zu verzeihen! Manchmal ist das Leid so schlimm, dass Menschen daran zerbrechen. Sie werden bitter und verschlossen. Sie können nicht verzeihen. Manchmal ist auch die Schuld so groß, dass Menschen daran zugrunde gehen. Sie können sich selbst kaum ertragen, bringen es aber nicht übers Herz, um Verzeihung zu bitten.

Musizieren für den Frieden

Zwischen Palästinensern und Israelis herrscht seit Langem Feindschaft. Immer wieder kommt es zum Krieg. Frieden scheint unvorstellbar zu sein. Schon ein Waffenstillstand gilt in dieser Region als Erfolg. Doch meist dauert er nicht lang. Denn der Hass sitzt auf beiden Seiten tief. Auch die Nachbarstaaten sind in den Konflikt einbezogen. Die Lage ist kaum zu lösen. Nicht nur die Erwachsenen, schon die Kinder misstrauen einander. Fast jede Familie in diesem Gebiet hat Söhne oder Töchter, Väter oder Mütter durch Kämpfe oder Attentate verloren.
Aber es gibt auch Projekte, die Hoffnung machen: zum Beispiel eine Schule, in der arabische und israelische Kinder

gemeinsam unterrichtet werden. Sie schließen Freundschaft in einer Welt voller Misstrauen. In einem anderen Projekt musizieren palästinensische und israelische Jugendliche sowie junge Leute aus Syrien, Jordanien, dem Libanon und Ägypten in einem großen Orchester zusammen. Wenn sie miteinander Musik machen wollen, müssen sie aufeinander hören. Sie schaffen eine neue Welt aus Klängen. Sie betreten ein Land voller Schönheit. Vertrauen kann wachsen. Musik kann Grenzen überwinden.

Die Musik ist die gemeinsame Sprache aller Nationen dieser Erde.

KHALIL GIBRAN